NOTICE

SUR

LE SIPHON MÉTALLIQUE

DE

SAINT-PAUL (VAR)

Paris. — Imprimerie Arnous de Rivière, rue Racine, 26.

NOTICE

SUR

LE SIPHON MÉTALLIQUE

DE

SAINT-PAUL (VAR)

PAR

M. BRICKA,

INGÉNIEUR DES PONTS ET CHAUSSÉES.

PARIS

DUNOD, ÉDITEUR,

LIBRAIRE DES CORPS NATIONAUX DES PONTS ET CHAUSSÉES, DES MINES

ET DES TÉLÉGRAPHES,

Quai des Augustins, n° 49.

1877

NOTICE

SUR

LE SIPHON MÉTALLIQUE

DE

SAINT-PAUL (VAR)

Le canal qui amène à Aix en Provence les eaux du Verdon traverse, vers le milieu de son parcours, le vallon de Saint-Paul, situé dans le département du Var, à quatre kilomètres environ de la petite ville de Rians. La largeur de ce vallon est de 293 mètres, sa profondeur maximum au-dessous du plafond du canal est de $36^m,15$. L'établissement d'un pont-aqueduc pour le passage du canal aurait entraîné une dépense d'au moins 400.000 francs et, comme la plus haute pile aurait dû être fondée à 16 mètres de profondeur, sa construction n'aurait certainement pas duré moins de deux ans. Au moment où nous avons eu à faire l'étude de cette traversée, il était indispensable que l'ouvrage à établir fût achevé très-rapidement ; il n'était donc pas possible d'entreprendre une campagne aussi longue, et l'emploi d'un siphon se trouvait naturellement indiqué.

Presque tous les siphons exécutés jusqu'ici sur des canaux d'irrigation ou d'alimentation sont en fonte, et nous avions tout d'abord étudié un ouvrage de ce genre. Mais le volume d'eau à débiter (6 mètres cubes par seconde) et le peu de charge disponible ($0^m,27$) auraient entraîné une dépense dépassant 550.000 francs, si l'on avait voulu employer des tuyaux d'un usage courant, dont le diamètre ne dépasse pas 1^m,10 ; le curage fréquent que nécessitent les eaux du Verdon, très-chargées de limon au moment de la fonte des neiges, n'aurait d'ailleurs pas été sans difficulté avec une aussi grande longueur et un diamètre aussi faible. D'un autre côté, pour réduire à un ou à deux le nombre des tuyaux, il aurait fallu leur donner des diamètres de 2^m,3o ou de 1^m,75. Les usines les plus importantes se montraient peu disposées à fondre de pareilles pièces en grande quantité, et l'assemblage, qui aurait exigé 165 joints à bride dans le premier cas et 216 dans le second, présentait de très-sérieuses difficultés.

Ces considérations nous ont amené à proposer la construction d'un siphon en tôle rivée. Deux ouvrages de ce genre avaient déjà été construits, l'un sur le canal du Verdon par M. l'ingénieur en chef de Tournadre, l'autre sur l'aqueduc de la Vanne par M. l'ingénieur en chef Huet; mais l'emploi de la tôle avait été réduit, dans chacun de ces ouvrages, à un tuyau unique horizontal.

Le premier projet présenté par nous ne comprenait qu'un seul tuyau de 2^m,3o de diamètre, dont l'établissement n'aurait pas coûté plus de 190.000 francs; le conseil général des ponts et chaussées a cru devoir imposer à la compagnie concessionnaire l'emploi d'un double tuyau pour que l'exploitation du canal ne pût jamais être interrompue. C'est dans ces conditions qu'a été établi le siphon de Saint-Paul.

La notice qui suit est divisée en quatre chapitres comprenant la description de l'ouvrage, l'exécution des travaux, les dépenses de construction, et les calculs de résistance.

CHAPITRE I.

Description de l'ouvrage (*).

———

§ 1er. — DESCRIPTION GÉNÉRALE.

Le siphon est formé de deux tuyaux parallèles, de $1^m,75$ de diamètre, distants de 4 mètres d'axe en axe, et établis perpendiculairement à la vallée ; à chacune de leurs extrémités, ces tuyaux aboutissent à des anneaux en fonte noyés dans des massifs de maçonnerie. La partie médiane du siphon est horizontale ; elle est raccordée avec les têtes maçonnées par des parties inclinées suivant des lignes droites ayant des pentes de $0^m,41$ par mètre à l'amont, et de $0^m,37$ par mètre à l'aval. Aux deux angles formés par la rencontre des parties inclinées avec la partie horizontale, chaque tuyau est supporté par des appuis fixes ; sur le reste de sa longueur, il repose, par l'intermédiaire de chariots de friction, sur des dés en pierre de taille. Des appareils de forme spéciale, dont le type a été emprunté au siphon construit par M. l'ingénieur en chef de Tournadre, permettent, entre les points fixes, les mouvements dus à la dilatation.

§ 2. — DÉTAILS DE CONSTRUCTION.

1° *Partie métallique*.

Tuyaux. — Les tuyaux sont composés de feuilles de tôle formant chacune la moitié du développement du cylindre ; ces feuilles sont réunies, dans le sens longitudinal par deux rivures à clain, et dans le sens transversal, par des couvre-joints extérieurs. L'emploi des couvre-joints a pour objet d'éviter la saillie transversale que produirait

———

(*) Voir Pl. 4 et 5.

le chevauchement des tôles et qui ferait obstacle à l'écoulement des eaux.

Les tôles employées sont des tôles dites n° 2. Leur épaisseur n'est nulle part inférieure à 8 millimètres ; il ne nous a pas paru prudent de descendre au-dessous de cette limite, parce que des tôles trop minces auraient pu, dans le cas d'un entretien insuffisant, se percer par oxydation et qu'en outre elles n'auraient pas présenté une rigidité convenable pour assurer la résistance à la flexion. Dans la partie horizontale, l'écartement considérable que la présence de deux ravins exigeait entre les supports a nécessité l'emploi de tôles de 9 millimètres.

Les rivures longitudinales sont doubles ; les rivures transversales sont simples. Les rivets ont un diamètre uniforme de 16 millimètres ; ils sont espacés de 0^m,05 d'axe en axe, et le bord extérieur des trous est à 0^m,02 du bord de la tôle. Ces dernières dimensions diffèrent de celles que l'on adopte généralement dans la construction des ponts, et qui, plus favorables à la résistance, ne permettraient pas le matage nécessaire à l'étanchéité. Elles sont d'ailleurs habituellement suivies dans la construction des coques de navires et des chaudières à vapeur.

Toutes les coutures et toutes les têtes de rivets ont été matées avec soin avant la mise en eau ; le matage était fait extérieurement, sauf à la rencontre des couvre-joints inférieurs et des tôles supérieures.

Coudes. — Les coudes qui, dans chaque tuyau, réunissent les parties inclinées à la partie horizontale sont formés de feuilles de tôle fine embouties, assemblées entre elles et avec les feuilles voisines par des couvre-joints extérieurs à double rivure.

Supports des angles. — Les tuyaux doivent être parfaitement fixes aux angles, car aucun mouvement ne peut se produire en ces points sans entraîner des déformations qui fatigueraient les tôles. La résultante des forces qui tendent à les déplacer ayant des directions complétement différentes selon que le siphon est plein ou vide, les supports ont été établis en vue du cas normal où l'ouvrage est en charge, et une disposition additionnelle assure leur stabilité lorsqu'il est vide.

Lorsqu'un tuyau est plein, les forces qui agissent sur chaque support d'angle sont : le poids des deux demi-travées voisines, la composante, parallèle au terrain, du poids de la partie inclinée, la poussée produite par la pression de l'eau à l'intérieur du coude, enfin les poussées produites par la pression de l'eau dans les appareils de dilatation entre lesquels il est compris. La surface d'appui sur laquelle le coude repose par l'intermédiaire d'une chaise en tôle, fers cornières et fers à T, est normale à la résultante des forces produites par la pesanteur, et un coussinet, également en pierre de taille, placé derrière la chaise, reçoit la poussée produite par la pression de l'eau dans le coude et dans les appareils de dilatation. Ce mode de calage est donc indépendant de la forme de ces appareils et celle-ci pourrait être changée sans que les supports eussent à subir aucune modification. Les massifs qui supportent les chaises sont en pierre dure et fondés sur le rocher ; la pression y est répartie par l'intermédiaire de patins en fonte.

Lorsque le tuyau est vide, les efforts dus à la pression de l'eau disparaissent ; le poids des deux demi-travées voisines du coude est alors diminué de près des neuf dixièmes, tandis que la composante, parallèle au terrain, du poids du tuyau incliné, reste la même. La résultante s'éloigne alors tellement de la verticale qu'elle vient tomber en dehors du support. Pour assurer l'équilibre dans ce cas, chaque tuyau a été muni, immédiatement au-dessus du coude, de deux oreilles en tôle et fers cornières qui s'appuient sur les piles et culées des ponts servant au passage de chemins.

1.

Supports intermédiaires. — Les supports intermédiaires destinés à recevoir seulement, dans la partie horizontale, le poids du tuyau, et dans les parties inclinées, la composante de ce poids perpendiculaire à l'axe, sont formés de lames de tôle raidies par des fers cornières, et reposant sur des dés en pierre de taille par l'intermédiaire de chariots de friction.

Dans la partie horizontale, les rouleaux de friction sont dans une position d'équilibre stable ; dans les parties inclinées, ils tendent à s'échapper suivant la pente, et il est nécessaire de les retenir sans entraver le mouvement qu'ils doivent prendre. Pour qu'il en soit ainsi, il faut que le chariot soit guidé de manière à parcourir toujours, lorsque le tuyau se déplace, la moitié du chemin parcouru par celui-ci. Ce résultat est obtenu au moyen de leviers en fer fixés par une charnière au patin inférieur, et rattachés au chariot et au patin supérieur par des œils de forme allongée embrassant des goupilles. La goupille centrale étant à égale distance de la charnière inférieure, qui est immobile, et de la goupille fixée au patin supérieur, qui suit le mouvement du tuyau, le déplacement du chariot sera égal à la moitié du déplacement du tuyau ; le chariot sera donc toujours dans la position qu'il doit occuper pour que le roulement s'effectue régulièrement.

Dans les parties inclinées, les supports sont tous également espacés, sauf ceux qui comprennent entre eux les appareils de dilatation. La distance de ces derniers a été calculée de telle façon que le tuyau puisse être considéré comme encastré sur tous ses appuis. L'espace compris entre le parement des maçonneries dans lesquelles sont noyés les anneaux de fonte et le support le plus voisin est tel que l'embase du premier anneau ne supporte aucun effort tranchant.

Dans la partie horizontale, la nécessité de laisser aux ravins un débouché libre suffisant, sans les dévier, a nécessité l'adoption, à chaque extrémité, de deux travées plus grandes que les travées centrales.

Appareils de dilatation. — Chacune des parties droites qui composent les tuyaux doit pouvoir s'allonger ou se raccourcir sous l'influence de la dilatation, sans déplacement des points extrêmes. Ce résultat est obtenu par un renflement en forme de soufflet, qui s'ouvre ou s'aplatit selon les efforts qu'il subit.

Les soufflets sont au nombre de trois pour chaque tuyau, un au milieu de la partie centrale, et deux aux extrémités supérieures des parties inclinées.

Les soufflets des parties centrales sont en tôle fine de 8 millimètres d'épaisseur; dans les soufflets extrêmes qui supportent des pressions beaucoup moindres, l'épaisseur à été réduite à 6 millimètres, de manière à augmenter la flexibilité.

Vidange et nettoyage. — Un robinet-vanne de $0^m,30$ de diamètre, et un trou d'homme sont placés dans la partie horizontale de chaque tuyau pour la vidange et le curage. On a posé en outre, dans les parties inclinées, des rampes longitudinales en fer qui permettent d'y circuler facilement, malgré leur fortes pente, et rendent ainsi très-facile la visite intérieure.

2° *Maçonnerie et abords de l'ouvrage.*

Têtes en maçonnerie. — A leurs deux extrémités, les tuyaux aboutissent à des têtes en maçonnerie qui les mettent en communication avec le canal. Chacune de ces têtes est commune aux deux tuyaux; les dispositions sont d'ailleurs identiques à l'amont et à l'aval, sauf l'adjonction, à la tête amont, d'un déversoir destiné à évacuer les eaux du canal, en cas d'accident. Nous décrirons donc seulement la tête amont.

Elle comprend deux puisards de $2^m,50$ de largeur et de

6^m,72 de profondeur, séparés par un mur de 1^m,50 d'épaisseur ; ces puisards communiquent, à leur partie supérieure, avec la cuvette du canal ; les tuyaux métalliques viennent aboutir à leur partie inférieure en traversant le mur de face. Ainsi que nous l'avons dit, la partie des tuyaux noyée dans la maçonnerie est formée d'anneaux en fonte entourés de béton sur une épaisseur de 0^m,30, pour rendre la liaison plus parfaite. Des coulisseaux pratiqués dans les murs bajoyers placés en tête des puisards permettent d'isoler, par des batardeaux, chaque tuyau pour le visiter, et au besoin le réparer, sans que l'autre cesse de fonctionner.

Les murs qui entourent les puisards ont un fruit extérieur d'un cinquième et une épaisseur variant de 0^m,99 à 4 mètres, suivant la profondeur. Leur couronnement est muni, sur son bord intérieur, d'une rampe en fer qui permet d'y circuler sans danger.

Le déversoir accolé à la tête amont est formé de trois vannes en fonte mues par des engrenages ; une cuvette maçonnée conduit les eaux qui s'en échappent jusqu'au ravin de Vallavesc.

Supports des tuyaux. — Tous les supports des tuyaux sont en pierre de taille dure ; dans la partie horizontale, où le sol est formé de terre graveleuse, ils reposent sur des pieux de 5 mètres de longueur, reliés à leur partie supérieure par un grillage noyé dans un massif de béton ; dans les parties inclinées, ils sont fondés sur le rocher naturel arasé par de la maçonnerie ordinaire.

Les supports de la partie horizontale ont la forme de dés de 1^m,60 de largeur et de 1^m,10 de longueur ; les supports des parties inclinées ont les mêmes dimensions sur leur face supérieure, mais présentent, du côté du vallon, un parement vertical pour éviter le surplomb.

Ponts sous les chemins. — Le siphon traverse deux chemins qui ont nécessité l'établissement de ponts par-dessus en maçonnerie. Les voûtes de ces ponts sont en arc de cercle surbaissé au quart; les culées et les piles de chacun d'eux reçoivent, lorsque le siphon est vide, la pression des oreilles en fer qui empêchent les parties inclinées des tuyaux de glisser sous l'influence de la pesanteur.

CHAPITRE II.

Exécution des travaux.

L'exécution des travaux n'a donné lieu à aucune difficulté sérieuse; les seuls embarras qu'elle ait présentés ont eu pour cause la précipitation commandée par les circonstances, qui a exigé très-fréquemment la présence, aux mêmes points, des maçons et des ouvriers monteurs. Les tuyaux étaient exécutés à Marseille, dans les ateliers de construction, par bouts de $4^m,60$ environ de longueur, puis transportés sur les lieux par chemin de fer et par charrettes.

Pour la partie horizontale, ils étaient déchargés à pied d'œuvre, puis amenés en place à l'aide de plans inclinés. Pour les parties latérales, ils étaient déchargés au pied de la tranchée, puis montés sur un chariot qui circulait entre les deux rangées de supports et les amenait en face de la position qu'ils devaient occuper; il suffisait alors de les riper pour les mettre en place. Les soufflets de dilatation n'ont été posés que lorsque tous les tuyaux ont été rivés.

Toutes les tôles employées provenaient des usines des Forges et aciéries de Saint-Étienne; des expériences faites sur un certain nombre d'échantillons ont montré que leur résistance à la rupture par traction variait entre 33 et 39 kilog. Les rivets provenaient des forges de Franche-Comté (Besançon); leur résistance au cisaillement était en moyenne de 42 kilog.

Les maçonneries ont été exécutées avec mortier composé

de 35o kilog. de chaux du Theil, pour un mètre cube de
sable siliceux. Dans les parties d'ouvrages appelées à supporter des efforts considérables aussitôt après leur achèvement, on a substitué 1oo kilog. de ciment Vicat de Gre-
noble à 1oo kilog. de chaux. Les mortiers ainsi composés
durcissent beaucoup plus rapidement que les mortiers de
chaux pure et méritent, à notre avis, beaucoup plus de
confiance que les mortiers provenant d'un mélange de
chaux et de ciment à prise rapide.

Les deux tuyaux du siphon de Saint-Paul ont été mis
en charge le jour même de leur achèvement, six mois
après la signature des marchés avec les entrepreneurs.
Sauf quelques rivets matés d'une manière insuffisante, les
seules parties de l'ouvrage où il se soit produit des fuites
ont été les abouts des couvre-joints inférieurs et les soufflets.

Les fuites aux abouts des couvre-joints étaient sans im-
portance. Elles nous paraissent avoir pour cause la légère
déformation que le poids de l'eau fait subir aux tuyaux.
Elles n'ont pas persisté, et l'oxydation des faces intérieures
de la tôle les a promptement arrêtées ; il aurait probable-
ment suffi, pour les empêcher tout à fait, d'intercaler, à la
jonction des couvre-joints et des tôles supérieures, une
lame de fer feuillard masquant la rencontre du joint horizontal avec le point vertical.

Les fuites des soufflets, principalement dans les parties
horizontales, étaient beaucoup plus importantes ; elles provenaient de la déformation inévitable que la pression de
l'eau a fait subir aux faces planes. Un matage fait avec
soin à l'intérieur et à l'extérieur, après la première mise en
eau, a suffi pour arrêter presque entièrement ces fuites
que l'oxydation des pièces en contact a bientôt achevé
d'étancher.

Le siphon est resté en charge pendant près de six mois
sans cesser de fonctionner de la manière la plus satisfai-

sante. Il a supporté les efforts de dilatation et de raccour-
cissement produits par un été très-chaud et un hiver très-
rigoureux sans en souffrir en aucune façon. Les soufflets se
sont déformés régulièrement, sans présenter ni fuites nou-
velles, ni aucune trace de fatigue. Ces appareils qui, comme
nous l'avons dit, avaient d'ailleurs fait leurs preuves au
siphon de la Lauvière, doivent donc être considérés comme
ayant reçu la consécration de l'expérience. Ils présentent
néanmoins deux défauts que l'on pourrait facilement corri-
ger. Le premier de ces défauts est l'existence de faces
planes qui, en exigeant pour les tôles des épaisseurs assez
considérables, ne permettent que des mouvements très-
limités (*) et, en se déformant sous la pression, donnent
nécessairement lieu à des fuites, au moment de la première
mise en charge. Le second, est le grand diamètre de l'appareil, qui produit des pressions considérables dans le sens
de la longueur des tôles, et impose à celles-ci un supplé-
ment de travail important. On ferait disparaître, ou tout
au moins on atténuerait fortement ces deux défauts, en
substituant au soufflet un appareil formé de deux demi-
tores assemblés, suivant leur circonférence intérieure, avec
les deux bouts de tuyaux à réunir, et suivant leur circonférence extérieure, avec les extrémités d'un manchon
cylindrique (*fig.* 10, Pl. 5). Les demi-tores pourraient
avoir une largeur assez faible, tout en conservant une
grande mobilité, car les tôles qui les formeraient seraient
d'autant plus minces, et par conséquent d'autant plus flexibles, que le rayon du cercle générateur serait plus petit ;
la pression dans le sens de la longueur du tuyau, qui est
proportionnelle à la différence des diamètres intérieur et

(*) Les résultats des expériences que nous avons faites pour
mesurer la résistance des soufflets employés au siphon de Saint-
Paul sont consignés dans une note placée à la fin de la présente
notice.

extérieur, serait diminuée d'autant, et la mise en eau ne produirait aucune déformation. Le manchon extérieur exigerait seul l'emploi de tôles fortes, mais comme il ne doit subir aucune flexion, il n'y aurait aucun inconvénient à augmenter son épaisseur.

M. l'ingénieur en chef Le Blanc, chargé du contrôle des travaux du canal du Verdon, a bien voulu nous aider de ses conseils pour la rédaction du projet et la direction des travaux du siphon de Saint-Paul ; nous avons d'ailleurs trouvé, pour l'exécution de cet ouvrage, le concours le plus utile chez MM. Enout, chef dessinateur, et Wachowski, chef de section, chargé de la conduite des travaux sur le chantier.

La partie métallique du siphon de Saint-Paul a été exécutée par MM. Lejeune et Ménard, de Marseille. Les coudes et soufflets, qui présentent des surfaces à double courbure en tôle emboutie sont, en particulier, des pièces d'une perfection remarquable.

CHAPITRE III.

Dépenses de construction.

La dépense totale de construction s'est élevée à 254.388^f,95, soit 937 francs par mètre courant de longueur horizontale ; cette dépense est répartie suivant le détail ci-dessous :

1° *Ouverture des tranchées.*

	francs.
Ouverture des tranchées de la partie horizontale.	629,26
Ouverture de la tranchée inclinée amont.	2.560,05
Ouverture de la tranchée inclinée aval.	3.445,41
	6.634,72

2° *Maçonneries.*

Tête amont.	15.742,33
Tête aval.	15.555,30
A reporter.	31.297,63

	francs.
Report.	31.297,63
Pont de Valaresc.	5.131,47
Pont des Carmes.	5.927,30
Supports de la partie horizontale.	7.448,42
Supports de la partie inclinée amont.	2.557,94
Supports de la partie inclinée aval.	3.173,12
Supports des angles.	1.694,72
Déversoir.	5.976,28
	63.206,88

3° *Partie métallique.*

	francs.
Fers et tôles.	150.970,52
Fontes.	22.386,65
Robinets.	1.042,32
Peinture.	3.866,06
Régie.	3.446,70
	181.712,25

4° *Dépenses diverses.*

	francs.
Dépenses diverses.	2.835,10

L'estimation du projet s'élevait à 263.000 francs ; on a donc réalisé une économie de 8.611^f,05.

L'addition du ciment aux mortiers, rendue nécessaire par la mise en service de l'ouvrage immédiatement après son achèvement, a causé une augmentation de 3.914^f,45.

Les supports en pierre de taille ont coûté :

Dans la partie horizontale, 429^f,77 chacun, y compris 229^f,96 pour battage de pieux ;
Dans les parties inclinées amont, 182^f,72 ;
Dans les parties inclinées aval, 198^f,92.

Les fers étaient payés au prix unique de 0^f,60 tout compris, et les fontes au prix de 0^f,45.

Il n'est pas sans intérêt de faire connaître le détail des prix de diverses parties des tuyaux en tôle, que nous devons à l'obligeance de MM. Lejeune et Ménard :

Les tôles n° 2 (pour tuyaux droits) ont été payées 33',50 les 100 kil.
Les tôles n° 5 (pour coudes)   —   47 ,00   —
Les tôles n° 7 (pour soufflets)   —   60 ,00   —
Les rivets   —   56 ,00   —

Le travail à l'atelier a coûté :

Pour les tuyaux droits, 10',25 les 100 kilog., dont 8',50 pour la main-d'œuvre et 1',75 pour le charbon ;

Pour les coudes, 37 francs les 100 kilog., dont 30 francs pour la main-d'œuvre et 7 francs pour le charbon ;

Pour les soufflets, 50 francs, dont 38 francs pour la main-d'œuvre et 12 francs pour le charbon.

Les prix ci-dessus ne tiennent pas compte des frais généraux.

Les éléments nous manquent pour établir le prix de revient exact du montage que le contact perpétuel des chantiers de maçonneries a d'ailleurs rendu plus coûteux qu'il n'aurait dû l'être.

CHAPITRE IV.

Calculs de résistance.

1° *Tuyaux.*

Travail dû à la pression intérieure de l'eau. — Le travail maximum dû à la pression de l'eau se produit dans la partie horizontale où la charge atteint 3^{atm},46 ; le travail de la tôle, par millimètre carré, est de 3^k,80 pour la tôle de 8, et de 3^k,38 pour la tôle de 9 millimètres.

Travail dû à la flexion. — La partie horizontale étant symétrique par rapport au soufflet central, il suffit de faire les calculs pour les travées comprises entre cet appareil et un coude. Comme le coude est entièrement fixe, il y a encastrement parfait en ce point, et la fibre neutre y est hori-

zontale. La partie du tuyau considérée peut donc être as-
similée à la moitié d'une poutre droite symétrique, dont le
milieu serait au droit de ce coude. On a alors, pour déterminer les moments fléchissants au-dessus des appuis, les
équations suivantes :

$$(1)\begin{cases} l_1M_1 + 2(l_1 + l_2)\,M_2 + l_2M_3 = -\dfrac{1}{4}\left(p_1l_1{}^3 + p_2l_2{}^3\right) \\[1.2em] l_2M_2 + 2(l_2 + l_3)\,M_3 + l_3M_4 = -\dfrac{1}{4}\left(p_2l_2{}^3 + p_3l_3{}^3\right) \\[1.2em] l_3M_3 + 2'l_3 + l_4)\,M_4 + l_4M_3 = -\dfrac{1}{4}\left(p_3l_3{}^3 + p_4l_4{}^3\right) \\[1.2em] l_4M_4 + 2(l_4 + l_5)\,M_5 + l_5M_6 = -\dfrac{1}{4}\left(p_4l_4{}^3 + p_5l_5{}^3\right) \end{cases}$$

On a :

$$\begin{aligned} l_1 &= l_2 = \ldots\ l, \\ l_5 &= l_4 = l_5 = l', \\ M_6 &= M_4. \end{aligned}$$

On peut prendre d'ailleurs, en raison de la très-faible
différence de poids par mètre courant :

$$p_1 = p_2 = p_3 = p_4 = \ldots\ p.$$

Les équations (1) deviennent, toutes réductions faites :

$$(2)\begin{cases} M_1 + 4M_2 + M_3 = -\dfrac{1}{2}\,pl^2 \\[1.2em] lM_2 + 2(l + l')\,M_3 + l'M_4 = -\dfrac{1}{4}\,p\left(l^3 + l'^3\right) \\[1.2em] M_3 + 4M_4 + M_5 = -\dfrac{1}{2}\,pl'^2 \\[1.2em] 2M_4 + 4M_5 = -\dfrac{1}{2}\,pl'^2 \end{cases}$$

En admettant le soufflet comme n'ayant aucune résistance
à la flexion transversale, on pourra le considérer comme coupé
en son milieu, et il faut joindre aux équations (2) l'équation

$$M_1 = -\left(\frac{pX^2}{2} + PX\right),$$

dans laquelle X exprime la longueur du porte-à-faux, et P
le poids du demi-soufflet.

Ces cinq équations permettent de déterminer les moments fléchissants au-dessus des appuis. Le moment fléchissant en un point quelconque et l'effort tranchant sont donnés par les relations :

$$M_x = M_m - H_m x + \frac{1}{2} p_m x^2,$$

$$H_x = H_m - p_m x.$$

L'épure (*fig.* 6, Pl. 5) fait connaître les diverses valeurs des moments fléchissants et des efforts tranchants.

Dans les parties inclinées, il n'y a lieu de tenir compte que de la composante de la pesanteur normale au tuyau. Les travées étant toutes égales entre elles, peuvent être considérées comme encastrées sur tous les appuis, si cette condition existe pour les deux appuis extrêmes. Elle se trouve réalisée d'un côté par la fixité du coude; on l'a remplie, pour l'autre extrémité, en donnant à la demi-travée du soufflet (considérée comme en porte-à-faux, ainsi que nous l'avons dit plus haut) une longueur telle que le moment au-dessus de l'appui soit égal au moment d'encastrement de la travée voisine; cette longueur est déterminée par la relation

$$\frac{p l^2}{12} = \frac{p \lambda^2}{2} + P\lambda.$$

En appliquant les formules que nous venons de rapporter, on trouve que le travail maximum dû à la flexion est égal, par millimètre carré,

Dans la partie inclinée d'amont à $1^{kg},10$
Dans la partie inclinée d'aval à $1,03$
Dans la partie horizontale à $1,11$ pour les petites travées,
et à $1,58$ pour les grandes travées.

Travail dû à la poussée des soufflets de dilatation. — La pression de l'eau contenue dans les soufflets de dilatation produit sur les tuyaux un effort de compression notable;

il est de 29.935 kilog. pour le soufflet amont, de 28.326 k. pour le soufflet aval, et de 111.366 kilog. pour le soufflet central, soit, par millimètre carré de section du tuyau, un travail de 0^{kg},65 dans la partie inclinée d'amont, de 0^{kg},61 dans celle d'aval et de 2^{kg},41 dans la partie horizontale. Ce dernier chiffre correspond aux petites travées où la tôle a 8 millimètres d'épaisseur; il se réduit à 2^{kg},14 dans les grandes travées où l'épaisseur de la tôle est de 9 millimètres. L'effort produit par les soufflets agit sur la tôle perpendiculairement à l'effort produit par la pression intérieure.

2° Supports des coudes.

La *fig.* 8, Pl. 5, donne la composition des forces qui agissent sur les supports des coudes, lorsque le tuyau est en charge. (L'épure est faite pour le coude amont.)

La force A égale à 37.650 kilog. est la résultante des forces partielles représentées dans la *fig.* 9 (*).

La force D égale à 33.500 kilog. est la poussée produite par la pression de l'eau à l'intérieur du coude; cette poussée est la résultante des forces élémentaires B, C produites par la pression de l'eau sur la section du tuyau, au droit des joints du coude.

La force G égale à 84.350 kilog. est la résultante des poussées E, F produites par la pression de l'eau dans les deux soufflets entre lesquels le coude est placé.

Ces trois résultantes principales A, D, G, composées entre elles, produisent une résultante finale H de 118.750 kilog., qui peut elle-même se décomposer en deux forces I, K : l'une égale à 71.750 kilog. dirigée normalement au plan

---

(*) Dans cette figure, on a désigné par :

  a   ids de la demi-travée inclinée ;

  b   —   horizontale ;

  c la composante, parallèle au terrain, du poids de la partie inclinée ;

  d la résultante des forces *a b*, augmentée du poids du coude.

du support, l'autre égale à 94.700 kilog. dirigée parallèle-
ment à ce plan, et qui est contre-butée par un massif de
maçonnerie en retour d'équerre sur le support.

3° Calcul de la stabilité des murs de tête des puisards.
(Voir *fig.* 7, Pl. 5.)

Dans le calcul de la résistance du mur de tête des puisards, nous n'avons pas tenu compte de sa liaison avec les
murs latéraux et avec le mur de refend, et nous avons considéré le mur comme isolé.

Les forces qui tendent à assurer sa stabilité sont les suivantes (toutes ces forces sont calculées pour une largeur
de $2^m,5o$, qui est celle des puisards):

1° La pression verticale de l'eau sur le parement incliné
du mur, déduction faite de la pression sur l'orifice du
tuyau. — Force A $= 12.o55$ kilog.

2° Le poids du mur et du tuyau en fonte qui s'y trouve
engagé. — Force B $= 1o6.115$ kilog. (le poids du mètre
cube de maçonnerie est égal à 2.2oo kilog.).

3° La composante normale du poids de l'eau contenue
dans le tuyau en fonte. — Force OF $= 9.568$ kilog.

4° La poussée produite par le soufflet. — Force OD $=$
29.935 kilog.

Les forces qui tendent à renverser le mur sont :

1° La pression horizontale de l'eau sur le parement intérieur du mur, déduction faite de la pression sur l'orifice du
tuyau. — Force O'G $= 57.177$ kilog.;

2° La composante, parallèle à la direction du tuyau, du
poids du tuyau de tôle compris entre l'anneau en fonte et
le soufflet, augmenté du poids de la moitié du soufflet. —
Force OE $= 1.475$ kilog.

La composition des forces verticales A, B, donne une résultante O'I, et celle des forces OD, OE, OF, une résultante OH. La composition de la force O'G et de la résultante O'I donne la résultante O'K. Enfin, les résultantes O'K

et OH, transportées en O'' et composées entre elles, produisent la résultante définitive $O''L$ de toutes les forces; sa valeur est de 116.750 kilog.

Le rocher sur lequel est fondé le mur étant très-compacte, et le blocage des maçonneries contre le rocher ayant été fait avec beaucoup de soin, on peut admettre la répartition de cette force sur une largeur égale à la largeur entière du mur à sa base; cette répartition, pour une longueur de mur de $2^m,50$, donne un travail de $3^k,50$ par centimètre carré, au niveau de l'assise la plus basse et dans le voisinage de l'arête la plus chargée. Le mur de tête est donc, sans le secours de sa liaison avec les murs latéraux et de refend, dans d'excellentes conditions de résistance.

NOTE A.

EXPÉRIENCES SUR LA FLEXIBILITÉ DES SOUFFLETS DE DILATATION.

Les soufflets de dilatation ont été soumis, avant leur pose, à des épreuves ayant pour objet de reconnaître s'ils pouvaient supporter sans altération, les efforts dus à la dilatation. Ces épreuves ont été faites à la traction et à la compression. Pour les épreuves par traction, on suspendait le soufflet à une chèvre, par l'intermédiaire d'une balance romaine accusant les poids employés. Un plateau fixé à la circonférence inférieure recevait la charge formée de gueuses de fonte. Pour les épreuves par compression, on chargeait directement, au moyen de feuilles de tôle, le soufflet placé horizontalement. Les déformations étaient constatées au moyen de règles permettant de mesurer l'écartement des bords du soufflet.

Les expériences ont donné les résultats suivants :

SOUFFLETS DE 8 MILLIMÈTRES D'ÉPAISSEUR.

Expériences par traction.

Charges. kil.	Affaissement du soufflet. mèt.	Différences. mèt.
0.	0,0025	0,000
450.	0,0025	0,003
950.	0,0055	0,000
1450.	0,0055	0,001
2.000.	0,0065	

Expériences par compression.

Charges.	Affaissement du soufflet.	Différences.
kil.	mèt.	mèt.
975	0,0042	0,0026
1.950	0,0068	0,0027
2.925	0,0095	0,0025
3.900	0,0120	0,0028
4.875	0,0148	0,0027
5.850	0,0175	

SOUFFLETS DE 6 MILLIMÈTRES D'ÉPAISSEUR.

Expériences par traction.

Charges.	Affaissement du soufflet.	Différences.
kil.	mèt.	mèt.
0	0,0052	0,0018
448	0,0070	0,0027
896	0,0097	0,0010
1.344	0,0107	0,0016
1.792	0,0123	0,0025
2,442	0,0148	0,0035
3.092	0,0183	

Expériences par compression.

Charges.	Affaissement du soufflet.	Différences.
kil.	mèt.	mèt.
975	0,0045	0,0045
1.950	0,0090	0,0052
2.925	0,0142	0,0063
3.800	0,0205	0,0073
4.875	0,0278	0,0115
5.850	0,0393	

Après les expériences, les soufflets ont été déchargés et ont repris exactement leur forme primitive. Aucun assemblage n'avait éprouvé de fatigue appréciable et le matage était intact.

Il résulte de ces expériences :

1° Que les soufflets en tôle de 8 millimètres sont beaucoup moins flexibles que les soufflets en tôle de 6 millimètres, comme on pouvait d'ailleurs s'y attendre ;

2° Que la déformation est beaucoup plus facile lorsque le soufflet est comprimé que lorsqu'il est soumis à un effort de traction.

Aix, le 3 juillet 1876.

Extrait des ANNALES DES PONTS ET CHAUSSÉES, 1877, 1er sem., tome XIII.

Paris.— Imprimerie Arnous de Rivière, rue Racine, 26.

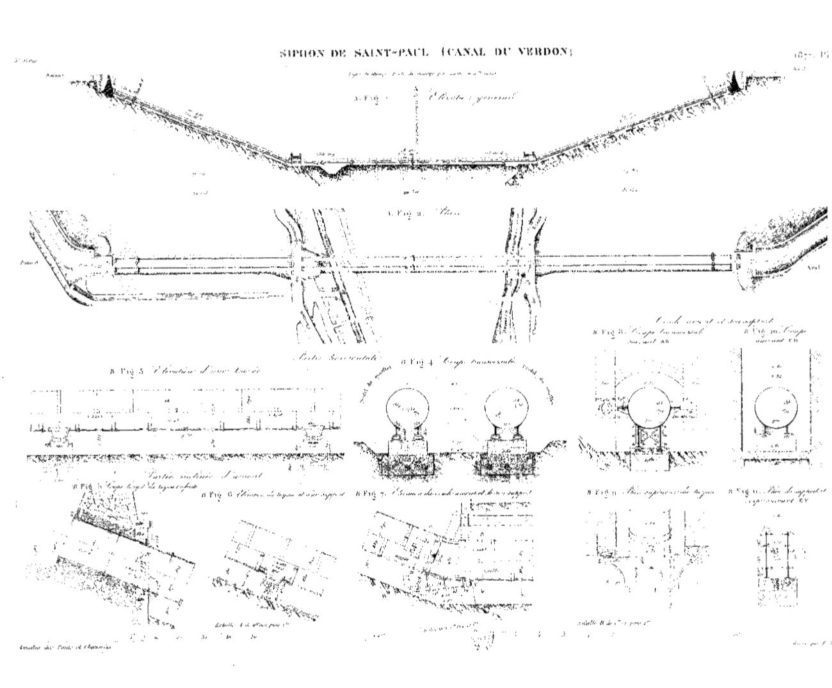

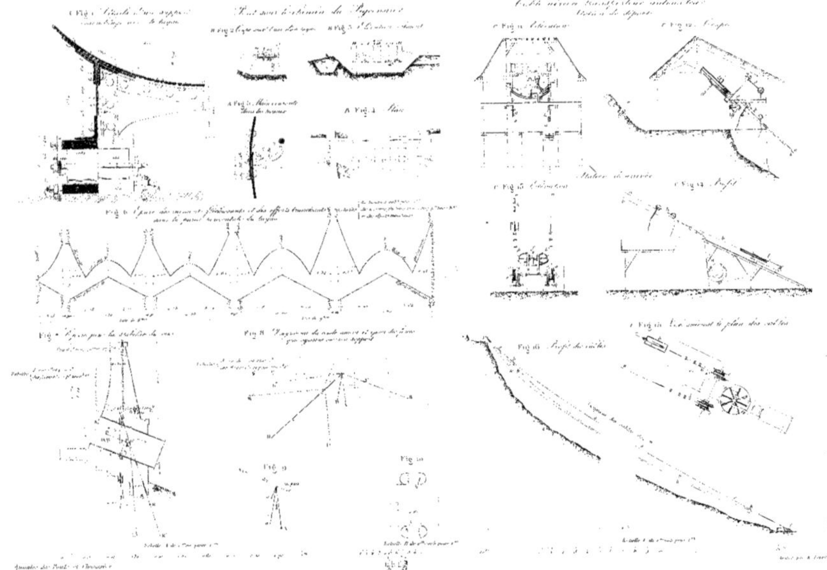

9 782019 950484